LES

ÉGLISES LUTHÉRIENNES

D'ALSACE

ET DU PAYS DE MONTBÉLIARD

PENDANT LA RÉVOLUTION

PAR

ARMAND LODS

Docteur en Droit.

PARIS

LIBRAIRIE FISCHBACHER

(Société anonyme)

33, RUE DE SEINE, 33

—

1898

LES

ÉGLISES LUTHÉRIENNES D'ALSACE

ET DU PAYS DE MONTBÉLIARD.

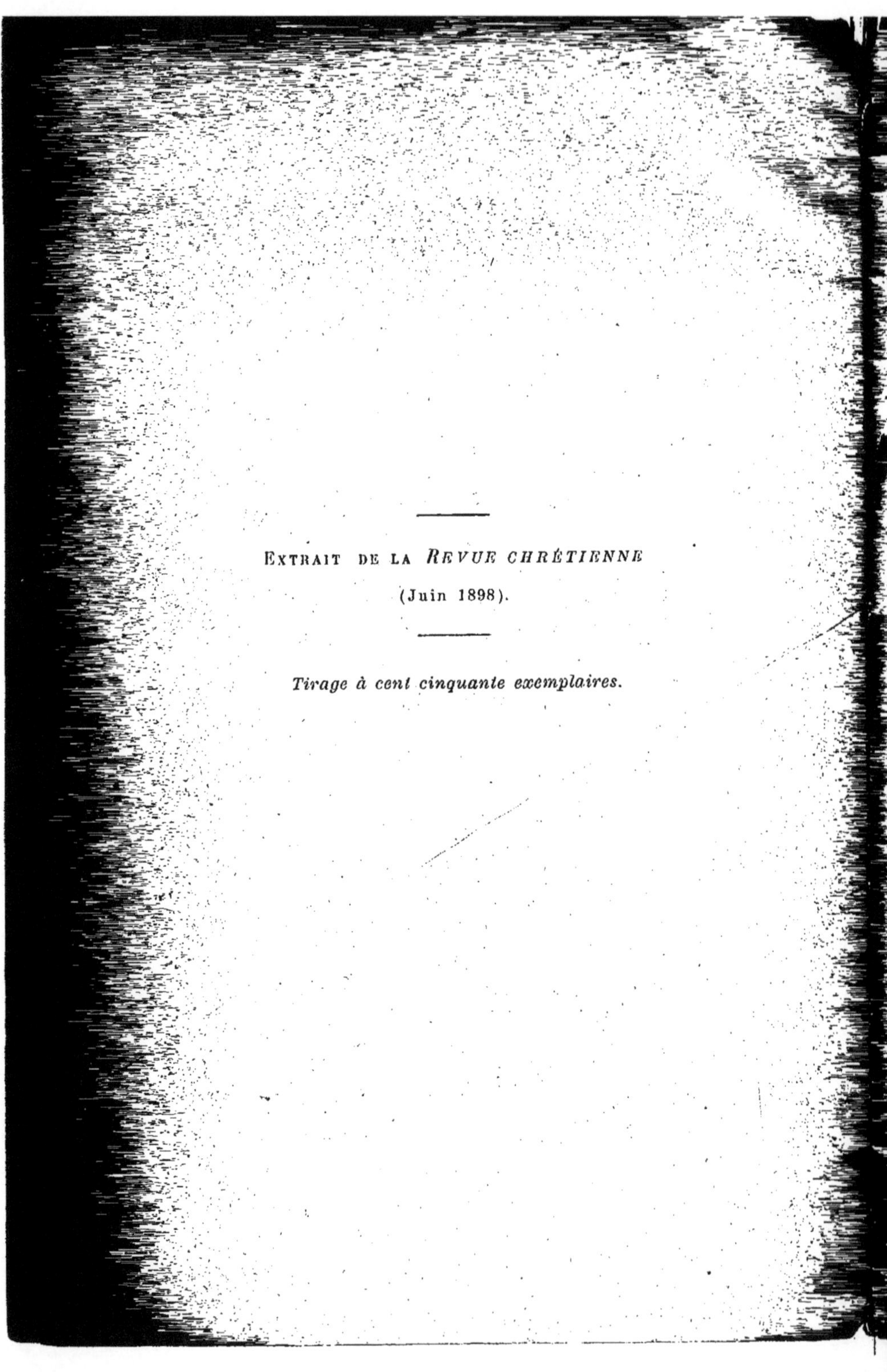

Extrait de la *Revue Chrétienne*

(Juin 1898).

LES
ÉGLISES LUTHÉRIENNES
D'ALSACE
ET DU PAYS DE MONTBÉLIARD
PENDANT LA RÉVOLUTION

PAR

ARMAND LODS

Docteur en Droit.

PARIS

LIBRAIRIE FISCHBACHER

(Société anonyme)

33, RUE DE SEINE, 33

1898

LES

ÉGLISES LUTHÉRIENNES D'ALSACE

ET DU PAYS DE MONTBÉLIARD

PENDANT LA RÉVOLUTION [1]

(1789-1802)

L'étude des hommes et des choses de la Révolution passionne actuellement les esprits. Les historiens ont compulsé les archives d'Etat, mises aujourd'hui à la disposition du public, et après une étude approfondie des documents authentiques, ils ont modifié sur plusieurs points des jugements rendus trop hâtivement par ceux qui, mêlés aux événements, avaient intérêt à les défigurer.

De nombreux ouvrages retracent les destinées du protestantisme en France, depuis l'apparition de la Réforme jusqu'à la fin du règne de Louis XV. Les études sur l'état des protestants au moment de la convocation des Etats généraux, sur le rôle joué par eux dans le grand drame révolutionnaire, sur la reconstitution des Eglises au lendemain du Concordat, sont peu nombreuses, et l'on peut dire que cette histoire est encore à faire.

Je tenterai de présenter, au point de vue de leur organisation temporelle, une esquisse des Eglises luthériennes d'Alsace et du pays de Montbéliard à la fin du XVIIIe siècle.

Ce travail se divisera en trois parties.

J'examinerai en premier lieu le sort des Eglises d'Alsace, depuis la réunion de l'Assemblée nationale jusqu'au moment où la Convention entra en lutte contre le christianisme.

[1] Esquisse historique présentée à la Conférence pastorale luthérienne de Paris, le vendredi 9 avril 1898.

Je rechercherai ensuite quelle fut pendant la même période la constitution des Eglises du pays de Montbéliard.

Je montrerai enfin sous quel joug ces deux Eglises furent courbées, jusqu'au moment où les Articles organiques de l'an X leur donnèrent à toutes les deux la même organisation.

I

LES ÉGLISES D'ALSACE.

Tandis que les protestants Réformés étaient peu à peu dépouillés de tous les droits garantis par l'Edit de Nantes, tandis que la persécution devenait chaque jour plus violente pour rétablir l'unité du culte, les luthériens d'Alsace jouissaient d'un calme relatif.

Les Eglises luthériennes étaient placées dans une condition toute spéciale. D'après le traité de Westphalie qui réunissait à la France l'Alsace presque tout entière, les protestants des contrées nouvellement annexées conservaient la jouissance de tous les droits, franchises et avantages dont ils étaient en possession le 1er janvier 1624. Les luthériens pouvaient célébrer publiquement leur culte dans tous les lieux où ils l'avaient exercé pendant l'année 1624, ils restaient propriétaires de leurs églises, leurs biens, leurs universités, leurs écoles et collèges. L'ancienne organisation ecclésiastique était maintenue.

Cette organisation résultait du caractère même qu'avait revêtu en Allemagne la réforme de Luther. Cette réforme n'était point née d'une révolte de sujets opprimés par une religion d'Etat, elle avait été acceptée librement par des princes souverains qui avaient adhéré les premiers à la doctrine prêchée par le grand réformateur.

Ces princes avaient hérité des droits qui appartenaient aux évêques et tout en se réservant la décision souveraine dans les questions importantes, ils avaient délégué une partie de leurs pouvoirs à des corps ecclésiastiques, consistoires, synodes, convents ou chapitres.

Dans les villes libres, à Strasbourg par exemple, les droits épiscopaux étaient exercés par le Magistrat, et Louis XIV, par lettres patentes du 30 septembre 1681, garantissait à la capitale de l'Alsace le libre exercice de la religion et la possession de tous les biens ecclésiastiques, à l'exception de l'église de Notre-Dame, qui fut rendue aux catholiques.

Malgré les promesses stipulées par les traités, des atteintes nombreuses avaient été portées aux droits des luthériens ; des églises protestantes avaient été mises à la disposition des catholiques, d'autres édifices avaient été soumis au *simultaneum*, les places municipales qui appartenaient aux luthériens avaient été concédées par moitié aux catholiques et les magistratures qui ne pouvaient être partagées avaient été confiées alternativement aux protestants et aux catholiques.

Les mariages mixtes furent défendus en 1683, puis autorisés en 1774, mais à la condition que les enfants seraient tous élevés dans la religion catholique. Quant aux enfants naturels, ils furent considérés comme appartenant à la religion du roi sous le prétexte que seul le *Roi* avait le droit de leur tenir lieu de père.

Telle était en 1789 la situation légale des protestants d'Alsace.

Lorsque la convocation des Etats généraux fut résolue, les représentants du clergé catholique, appelés à rédiger leurs cahiers, demandèrent avec insistance que le titre de religion dominante fût conservé à la religion catholique qui seule pourrait exercer un culte public dans le royaume. Ces cahiers vont plus loin encore, ils protestent contre l'édit de tolérance qui a accordé aux Réformés le droit de se marier, sans recourir à un prêtre. D'après la juste expression d'Edgard Quinet : « C'est la voix du moyen âge qui couvre la voix du monde moderne (1). » En présence de cette croisade contre la liberté du culte, les luthériens d'Alsace craignirent de se voir enlevés tous les droits garantis par les traités. Ils chargèrent deux députés protestants de leur province, M. le baron de Ratsamhausen et M. de Turckheim, de soutenir à l'Assemblée nationale les intérêts des communautés non catholiques.

Des réformes profondes furent apportées à l'organisation politique et administrative de la France par les élus de la nation ; les provinces furent remplacées par les départements, les municipalités succédèrent aux administrations locales, les droits seigneuriaux furent abolis. Ces transformations eurent pour

(1) *La Révolution*, tome I, p. 65.

résultat la suppression du Magistrat de Strasbourg, chef suprême dans cette ville de l'Eglise luthérienne. La constitution ecclésiastique se trouvait ainsi bouleversée ; aussi les pasteurs des Eglises de Strasbourg s'adressèrent-ils à l'Assemblée nationale, lui demandant de voter une *constitution civile* applicable aux Eglises luthériennes, qui, fidèles à leurs origines historiques, ne redoutaient pas l'intervention du pouvoir civil dans le règlement des affaires ecclésiastiques.

Un député du Tiers-Etat de la ville de Strasbourg, Schwendt, demandait au mois de novembre 1790 aux pasteurs de cette ville un plan d'organisation délibéré et adopté par la majorité des représentants du luthérianisme.

Inspirez-vous pour le rédiger, écrivait-il, des principes de la Constitution, et soyez assurés que je le soutiendrai énergiquement.

Le convent ecclésiastique se réunit aussitôt, plusieurs projets furent rédigés, ils furent tous soumis aux délégués des Eglises du Haut et du Bas-Rhin qui se réunirent à Strasbourg en janvier 1791 et tombèrent d'accord pour arrêter définitivement une rédaction qui fut aussitôt adressée à l'Assemblée nationale. Ce projet était très démocratique, il confiait l'élection des anciens au suffrage des citoyens protestants mariés ou majeurs, le suffrage universel de la paroisse était également appelé à choisir les pasteurs sur une liste de six candidats dressée par le Consistoire. A la tête de chaque paroisse se trouvait un conseil presbytéral, composé du pasteur et des anciens. Au-dessus de ce conseil était établi un Consistoire qui confiait l'exécution de ses décisions à un Directoire composé de quatre membres, « dont deux au moins devaient avoir la connaissance du droit ». La circonscription consistoriale correspondait à celle des districts.

Dans chaque canton, un intendant choisi dans le corps pastoral était chargé de la visite des Eglises et les Consistoires de chaque département devaient se faire représenter chaque année par deux de leurs membres à une Conférence fraternelle, sorte de Synode chargé de la discussion des questions théologiques. La fin de la législature arriva avant que cette question ait été soumise aux délibérations de l'Assemblée nationale.

Si les Eglises d'Alsace n'avaient pu faire sanctionner cette organisation ecclésiastique, elles avaient du moins obtenu le respect des traités. La communauté protestante de Strasbourg avait délégué à Paris le professeur Koch, lui donnant la mission spéciale de soumettre au gouvernement un mémoire, sorte de cahier qui établirait qu'en Alsace les protestants avaient le droit d'exercer publiquement leur culte et que les conventions diplomatiques assuraient aux Eglises la propriété des biens affectés au traitement des pasteurs ou à celui des professeurs de l'Université de Strasbourg. Les villes de Colmar, de Wissembourg, de Landau et de Munster avaient choisi pour plaider la même cause Sandherr le jeune ; la baronie de Fénétrange était représentée par un négociant, Jérémie Bricka. Leurs demandes furent portées à la tribune par le baron de Rathsamhausén, député du bailliage d'Haguenau. L'orateur réclama pour tous les protestants d'Alsace la confirmation des droits religieux qu'ils tenaient des traités ayant fait passer cette province sous la domination française, et obtint le renvoi des pétitions au Comité de constitution.

Le Chapelier fut nommé rapporteur, il appuya énergiquement les demandes de nos coreligionnaires. Les protestants d'Alsace, dit-il, sont au nombre de 200 000 ; leur patriotisme, leur amour pour la liberté, leur respect des lois, les rendent dignes des égards des représentants de la nation, alors même que leurs réclamations ne reposeraient pas sur des textes formels.

Un prêtre catholique, l'abbé d'Eymar, conclut dans le même sens, il reconnut que non seulement le culte public devait être assuré aux protestants d'Alsace, mais qu'ils devaient aussi conserver la jouissance des biens affectés au traitement de leurs ministres. Un tel accès de générosité étonna tout d'abord, on fut surpris de voir un prêtre intercéder en faveur des hérétiques, mais on s'aperçut bien vite que, si cet abbé intervenait ainsi dans le débat, c'était en réalité pour défendre les intérêts catholiques. Il sollicitait la division dans chaque commune des fonctions municipales entre les protestants et les catholiques et l'alternat pour toutes les places exercées par un seul fonctionnaire.

Rewbell fit rejeter cette motion qui aurait eu pour conséquence de placer sous la main du clergé romain des villages dont la population appartenait presque tout entière au protestantisme.

Le décret préparé par le Comité de constitution fut adopté,

les protestants d'Alsace continuèrent à jouir des droits, libertés et avantages concédés par les traités ; toutes les atteintes portées à ces droits furent, en vertu du décret du 17 août 1790, considérées comme nulles et non avenues.

Il restait à trancher une importante question, celle de la propriété des biens affectés au traitement des pasteurs et du personnel enseignant. Ces biens étaient très considérables, d'après une statistique très minutieuse ; la fortune des Eglises du département du bas-Rhin, en y comprenant les chapitres de Saint-Thomas et de Saint-Guillaume, représentaient en propriétés bâties une superficie de près de *quatre* hectares ; en prairies, champs, vignes et bois, *quatre mille hectares*. Les capitaux placés sur hypothèque dépassaient un million, et les rentes foncières produisaient annuellement un revenu net de 25 000 francs.

Le décret du 2 novembre 1789 avait mis tous les biens ecclésiastiques à la disposition de la nation, imposant en même temps à l'Etat l'obligation de pourvoir d'une manière convenable aux frais du culte, à l'entretien de ses ministres et au soulagement des pauvres. Cette mesure atteignait-elle les biens des établissements protestants ? Deux opinions furent soutenues. D'après Jacques Matthieu, procureur syndic du district de Strasbourg, on devait appliquer aux protestants les décrets de l'Assemblée nationale portant confiscation des biens ecclésiastiques, mais en même temps il était équitable que le gouvernement prît à sa charge le traitement des pasteurs et les dépenses du culte. Il déposa, le 15 octobre 1790, une motion dans ce sens à la Société des Amis de la Constitution de Strasbourg, demandant que ce traitement fût d'un tiers supérieur à celui des curés catholiques parce que les pasteurs « vivent dans les liens du mariage ».

Cette théorie fut vivement combattue et par le professeur Koch, et par le professeur Oberlin, tous deux firent remarquer que le décret du 17 août en confirmant aux protestants d'Alsace leurs anciens privilèges, avait par là même tranché la question de principe et reconnu aux Eglises la légitime propriété de leurs biens. Au reste, ajoutaient-ils, ces biens ont été sécularisés, ils ont été abandonnés par le clergé catholique et sont devenus la propriété des seigneurs et des villes, ils ne peuvent donc rentrer dans la catégorie des biens ecclésiastiques mis à la disposition de la nation. Ces fondations ne participaient pas aux exemptions et immunités dont jouissaient les propriétés du clergé, elles avaient toujours figuré avec les autres fonds *laïcs* sur les rôles d'impositions générales et particulières.

Les deux systèmes furent également soutenus au sein même du Comité de constitution de l'Assemblée nationale ; les députés de Broglie et Bouchotte demandaient que les pasteurs luthériens touchassent un traitement sur le budget de l'Etat et que les possessions des établissements ecclésiastiques protestants fussent assimilées aux biens des églises catholiques. On leur répondit que le principe de l'égalité entre les ministres des deux cultes rencontrerait une vive opposition dans le sein de l'Assemblée qui n'avait pas même consenti à voter d'une manière absolue et sans restrictions le principe de la liberté du culte. On ajouta que les évêques et leurs partisans, dans la crainte de favoriser les *Réformés*, combattraient de toutes leurs forces un tel projet en invoquant le décret du 13 avril, qui intentionnellement, avait donné au clergé catholique une situation privilégiée ; on invoqua, enfin, le respect dû aux traités.

A une grande majorité, le Comité accueillit les demandes des protestants, et sur le rapport de Chasset, l'Assemblée nationale, par décret du 1er décembre 1790, exempta de la vente des biens nationaux les propriétés possédées par les établissements protestants de l'ancienne province d'Alsace.

Cette cause semblait définitivement gagnée, mais les catholiques n'avaient point désarmé ; ils trouvèrent un appui auprès des jacobins. Pendant les mauvais jours de la Terreur, les conventionnels Couturier et Dentzel, par arrêté du 27 février 1793, ordonnèrent la vente de tous les biens des établissements luthériens affectés à l'instruction publique. La Convention, dans sa séance du 8 mars 1793, annula cette décision, elle maintint et confirma les décrets de l'Assemblée nationale.

La lutte n'était pas finie, elle devait renaître plus ardente et plus vive sous le Directoire. En thermidor an IV, Couturier de la Moselle revendiqua de nouveau, au profit de la nation, les biens des protestants d'Alsace, il demanda avec un étonnant cynisme la violation de tous les traités :

Une nation qui brise ses fers, dit-il, ne peut et ne doit se croire liée par aucun pacte antérieur qui contrarierait sa régénération.

Cette théorie immorale, qui avait été repoussée par la Convention, fut acceptée par le conseil des Cinq-Cents dans sa séance du 9 ventose an VII (28 février 1799). Les événements de brumaire ne laissèrent pas au Conseil des Anciens le temps de la sanctionner définitivement. Encore une fois, les biens des églises luthériennes échappaient à la spoliation.

Cinquante années plus tard, en 1854, la question de la propriété de ces biens se posait de nouveau. Cette fois l'attaque ne venait pas du gouvernement, elle était dirigée par la municipalité de Strasbourg qui convoitait la fortune du Chapitre de Saint-Thomas et de la Haute-Ecole de Saint-Guillaume. La ville de Strasbourg avait conçu le projet de s'adresser aux tribunaux de l'ordre judiciaire pour revendiquer les biens du séminaire, elle fut arrêtée dans ses desseins par le conseil de préfecture d'abord, par le conseil d'Etat ensuite, qui refusèrent l'autorisation de plaider, nécessaire à tous les établissements publics.

Mais quittons cet important et long procès et après avoir rendu hommage à l'œuvre éminemment libérale de l'Assemblée nationale, qui avant de se séparer brisait l'édit de 1774 et permettait ainsi d'élever dans la religion protestante les enfants issus de mariages mixtes, recherchons quelle était en 1789 la situation légale des luthériens du pays de Montbéliard.

II

LES ÉGLISES DU PAYS DE MONTBÉLIARD.

La religion luthérienne était celle de la grande majorité des habitants de la principauté de Montbéliard. Cette principauté se divisait en deux parties absolument distinctes, le comté proprement dit et les quatre terres ou seigneuries.

Le comté comprenait la ville de Montbéliard et cinquante-trois villages. Bernard de Saintes, envoyé en mission dans les départements de la Haute-Saône et du Doubs, en prit possession au nom de la Convention nationale au mois d'octobre 1793 (1).

Les quatre terres de Blamont, Clémont, Héricourt et Chatelot étaient placées sous la souveraineté de la France depuis

---

(1) Consultez : *Bernard de Saintes et la Réunion de la principauté de Montbéliard à la France*, par ARMAND LODS. — Paris, Fischbacher, 1888, in-8°.

1679, et les princes de la maison de Wurtemberg avaient définitivement renoncé au domaine éminent par le traité de Versailles du 10 mai 1748.

Cette différence de situation politique entre le comté et les
quatre terres eut une influence très grande sur le sort du protestantisme du pays de Montbéliard.

Les luthériens du comté conservèrent leur ancienne organisation ecclésiastique jusqu'au moment où le conventionnel de la
Charente-Inférieure vint s'emparer des possessions de la maison
de Wurtemberg. Aussi voyons-nous à cette époque le comté
divisé en dix-neuf paroisses, ayant vingt-neuf églises desservies
par vingt-quatre pasteurs.

Les destinées du protestantisme dans les quatre terres avaient
été toutes différentes. Malgré les promesses formelles faites
par Louis XIV et renouvelées par Louis XV dans la convention
du 10 mai 1748, de nombreuses entraves avaient été apportées
à l'exercice du culte. Foulant aux pieds les traités qui accor-
daient la nomination des pasteurs au prince de Montbéliard,
sous réserve de l'approbation royale, les intendants de Franche-
Comté, malgré les réclamations de ce prince remplaçaient
par des curés les ministres qui mouraient. L'application de
ce système eut pour conséquence de priver successivement
diverses paroisses de leurs conducteurs spirituels. En 1789
il n'existait plus dans la terre d'Héricourt que cinq églises
desservies par deux pasteurs, dans la terre de Blamont cinq
églises avec trois pasteurs. Dans les deux seigneuries de Clémont et de Chatelot la spoliation avait été complète, les luthériens n'avaient plus ni églises, ni pasteurs.

Le gouvernement de Louis XVI étant resté sourd à toutes
les réclamations des protestants de cette région, on se rend
facilement compte de l'enthousiasme avec lequel ils accueil-
lirent la nouvelle de la convocation des Etats généraux. Ils
espéraient, en effet, obtenir des élus de la nation ce que le roi
leur avait refusé.

Le tiers-état du bailliage d'Amont inséra dans son cahier les
doléances des protestants d'Héricourt. Ces doléances présen-
taient un tableau saisissant des atteintes portées au texte même
des traités : églises protestantes concédées aux catholiques,
écoles supprimées, cimetières fermés, biens et revenus ecclésiastiques confisqués ; elles concluaient en demandant la répa-

ration complète de toutes ces injustices. Les protestants du pays de Montbéliard sollicitaient une nouvelle organisation ecclésiastique avec un Consistoire général pour les quatre villes et un surintendant, ils demandaient en outre que les pasteurs fussent assimilés aux curés, puisque leurs fonctions étaient les mêmes. En un mot ils réclamaient l'union des Eglises et de l'Etat.

Il eût été imprudent de confier la défense d'une cause aussi importante aux députés de Franche-Comté, qui tous étaient catholiques et avaient fait preuve sinon d'hostilité, tout au moins d'indifférence à l'égard des protestants ; aussi fut-il décidé qu'un délégué spécial des quatre terres serait envoyé à Versailles.

Cette mission délicate fut confiée au pasteur de Blamont, Georges-Louis Kilg(1); il était chargé d'agir auprès des ministres afin d'obtenir de l'Assemblée nationale le respect des promesses royales consignées dans les titres les plus authentiques.

Kilg arriva à Paris au commencement de l'année 1790 ; il se mit en rapport avec les députés spéciaux de l'Alsace ; comme eux il rédigea une adresse qu'il remit à l'Assemblée nationale. Il indiquait très nettement la situation des quatre seigneuries au point de vue ecclésiastique, signalant les empiétements successifs habilement opérés par le clergé catholique, et demandait qu'à l'avenir le culte ne fût plus célébré à titre de simple tolérance, mais devînt l'exercice d'un droit absolu.

L'Assemblée nationale accueillit favorablement cette pétition ; elle accorda aux luthériens des quatre terres tout ce qu'elle avait concédé aux protestants d'Alsace. Les décrets des 9 septembre et 1er décembre 1790 proclament, en effet, en leur faveur la liberté du culte, promettent la fidèle observation des traités et exceptent de la vente des biens nationaux tous les immeubles dont les revenus étaient affectés aux frais du culte et au traitement des pasteurs. En annonçant à ses compatriotes ce magnifique résultat, le pasteur Kilg leur écrivait :

Remerciez tous ensemble la Providence, travaillez à justifier de tels bienfaits par votre piété et votre attachement à l'ordre public.

(1) Consultez : *Les Eglises des seigneuries de la principauté de Montbéliard pendant la Révolution*, par A. CHENOT. Montbéliard, 1889, in-8°.

III

LES ÉGLISES D'ALSACE ET DE MONTBÉLIARD DE 1793 A 1802.

L'œuvre bienfaisante de l'Assemblée nationale fut subitement
arrêtée par la Convention et surtout par les conventionnels en
mission, qui exagéraient et dénaturaient le sens des lois. Les
persécutions recommencèrent, et, cette fois, les persécuteurs
ne distinguèrent plus entre protestants et catholiques. Il suf-
fisait d'avoir conservé sa foi chrétienne pour devenir un sus-
pect. Le culte de la Raison, celui de l'Etre suprême, ensuite,
remplacèrent dans toute la France les anciennes cérémonies
religieuses.

En novembre 1793 la cathédrale de Strasbourg est trans-
formée en temple de la Raison ; le récit de la première fête célébrée dans cet édifice a été conservé et relate en ces termes
la courageuse conduite d'un pasteur :

> Un membre de l'assemblée ayant fait observer qu'aucun ministre du
> culte de Moïse ou de Luther n'avait paru à la tribune pour y renoncer
> à ses pratiques superstitieuses, à l'heure même un prêtre protestant se
> montre au peuple, prend la parole, non pas pour abjurer les principes
> monstrueux de l'imposture, mais pour se récrier contre l'intolérance et
> pour en appeler à l'Evangile. Cet outrage fait à la vérité, ajoute le
> narrateur, ce blasphème contre la raison prononcé par une bouche ac-
> coutumée au sacrilège, fut vengé sur-le-champ. Le déclamateur sédi-
> tieux fut couvert des huées du peuple, qui, d'une voix unanime, lui
> cria qu'il ne voulait plus entendre ces maximes erronées et le força
> d'abandonner ce lieu qu'il profanait par sa présence (1).

Saluons respectueusement la mémoire de ce vaillant ministre
de l'Evangile, qui n'a pas eu honte de sa foi, et qui, au milieu
de nombreuses défaillances, n'a pas craint, pour rester fidèle
à son Dieu, de braver la fureur d'une foule aveugle et égarée.

A Montbéliard, la citoyenne Morel est choisie comme déesse
de la liberté. Au mois d'août 1794, le Conseil municipal lui
adresse la réquisition suivante :

> Comme tu réunis, citoyenne, tout ce que l'on peut désirer de mieux
> pour effectuer avec grâce la représentation de la déesse de la Liberté,
> nous t'invitons à déférer à notre demande... Les citoyens commissaires
> Berger et Duvernoy t'instruiront de ce que tu auras à faire.

(1) *Description de la fête de la Raison, célébrée pour la première fois
à Strasbourg le jour de la 3ᵉ décade de brumaire an II.* (Archives nationales.
F 7, 4894²).

A Héricourt, la vieille église, qui servait aux catholiques et aux protestants, devient le sanctuaire de l'Etre suprême ; la municipalité prend une décision pour faire enlever de cet édifice tout ce qui peut rappeler la différence des communions.

Il convient, dit cette délibération, de faire disparaître les emblèmes des anciens cultes, et particulièrement le mur qui sépare le cimetière et une cloison en bois qui partage le temple par le milieu... Une des chaires sera placée dans la salle de la Société populaire.

Les cultes nouveaux ne devaient pas survivre à la mort de leurs inventeurs, et catholiques et protestants restaient fidèles à leur foi. Pendant que ces cérémonies étranges obtenaient l'appui du gouvernement, les réunions chrétiennes étaient assimilées à des attroupements, à des assemblées fanatiques ; les pasteurs étaient obligés de se cacher ou de renoncer à leur ministère. Les services publics protestants furent suspendus dans la plupart des communes d'Alsace et de Franche-Comté dès le mois de juin 1794.

Les conventionnels Besson et Pelletier, envoyés en mission dans les départements du Doubs et du Jura, par un arrêté du 20 novembre 1794, décidaient, en effet :

Que les prêtres et tous autres particuliers qui exerceraient publiquement un culte quelconque seraient mis en état d'arrestation et poursuivis par les accusateurs publics.

Dans la Haute-Saône, Sevestre ordonne :

Que les édifices nationaux connus sous le nom de temples ne seront ouverts que les jours de décade pour la lecture des lois, les discours de morale, et pour les fêtes nationales purement civiles.

Des mesures semblables avaient été prises par les conventionnels qui terrorisaient l'Alsace ; le 17 brumaire an III (7 décembre 1794), un arrêté de Milhaud et Guyardin frappe de la peine de la déportation

Dans les déserts destinés aux prêtres réfractaires, les ministres du culte qui, soit par leurs discours, soit par leurs actions, retarderaient le triomphe de la raison et la destruction des préjugés.

Ils seront, ajoute l'article 7 de cet arrêté, « traités comme ennemis du genre humain », c'est-à-dire mis hors la loi et envoyés à l'échafaud.

Malgré ces ordonnances terribles, qui semblent calquées sur

les édits du grand roi, les luthériens, renouvelant les scènes du Désert, tenaient des assemblées pendant la nuit, dans des granges ou dans des caves, méditaient ensemble les saintes Ecritures et chantaient les vieux psaumes huguenots.

M. le pasteur John Viénot(1), dans une très intéressante étude sur le *Régime de la séparation de l'Eglise et de l'Etat dans l'ancienne principauté de Montbéliard* (2), rapporte que

Les femmes du Magny-d'Anigon, afin de tromper la vigilance des patriotes, cachaient leurs enfants dans des paniers de beurre et les portaient ainsi au pasteur de Clairegoutte pour les faire baptiser.

Cette triste situation se prolongea jusqu'au moment où la Convention eut décrété, le 3 ventôse an III (21 février 1795), la liberté des cultes, en prononçant en même temps la séparation complète de l'Eglise et de l'Etat, qui existait déjà depuis le mois de septembre 1794, époque à laquelle les traitements des ministres du clergé catholique avaient été supprimés. (18 septembre 1794).

A partir du mois de mars 1795 les temples commencent à s'ouvrir, les pasteurs reprennent publiquement leurs fonctions. Ce n'était pourtant encore que l'ombre de la liberté, nos ancêtres étaient placés de nouveau sous le régime de la tolérance ; il était défendu de sonner les cloches, tout costume ecclésiastique était interdit, les biens des Eglises protestantes étaient vendus, en violation des décrets de l'Assemblée nationale.

D'un autre côté, les pasteurs éprouvaient de grandes difficultés à recouvrer leur traitement fourni par les cotisations volontaires des fidèles ; tout régime ecclésiastique avait peu à peu disparu, il n'existait plus de règles fixes ni pour la nomination des pasteurs, ni pour l'administration des biens des Eglises qui n'avaient pas été vendus par le gouvernement.

Voici du reste un tableau fidèle que trace des communautés d'Alsace un contemporain, M. Brakenhoffer :

Chaque Eglise, quelque petite qu'elle soit, s'est isolée. Chacune s'est choisi dans son sein un nombre suffisant de préposés laïques qui, le pasteur à leur tête, se sont emparés de l'administration des biens qu'ils ont pu retrouver ; et non contents du temporel se sont érigés successive-

(1) Consultez : *La vie ecclésiastique et religieuse dans la Principauté de Montbéliard au XVIIIe siècle*, par JOHN VIÉNOT. Audincourt. in-8°, 1895.
(2) Paris, Fischbacher, 1897. in-8°.

ment en autant de Consistoires, tranchant avec une morgue insolente sur toutes les matières spirituelles (1).

Au pays de Montbéliard la situation n'est pas meilleure, le pasteur Fallot, de Longevelle, la dépeint même sous des couleurs plus sombres encore :

Avant la Révolution, écrit-il le 16 septembre 1801, nos paroissiens étaient plus humbles et plus dociles, ils écoutaient avec plus de respect nos décisions. Aujourd'hui tout a changé de face ; vains, fiers, indociles, ils savent prendre des tons de suffisance, jeter des regards de dédain, arborer des hauteurs insultantes et méprisables, et déjà les enfants marchent sur leurs traces.

Mêmes plaintes de la part du pasteur Goguel, d'Abbevillers :

La corruption, s'écrie-t-il, pervertit les cœurs, le mot de *Liberté* excite chez la plupart des paroissiens de l'aversion pour toute espèce d'ordre qui semble devoir imposer un frein à leurs passions.

Un pareil état de choses pouvait difficilement se prolonger, aussi dès qu'ils eurent connaissance des négociations du premier Consul avec le Pape, les protestants d'Alsace formèrent à Strasbourg un comité chargé d'élaborer un plan de réorganisation et de mettre fin à l'anarchie dans laquelle se trouvaient leurs Eglises au lendemain de la tourmente révolutionnaire. Ce comité, présidé par Oberlin, rédigea à la fin de l'année 1801 une déclaration solennelle résumant les principes sur lesquels reposait le régime ecclésiastique.

De leur côté, les membres du Consistoire des trois paroisses de Montbéliard adressaient aux pasteurs des environs une circulaire dans laquelle ils insistaient sur la nécessité d'apporter un prompt remède au mal qui mettait en péril l'existence même des Eglises. Les pasteurs ainsi consultés répondirent qu'il était inutile de rien tenter sans l'intervention du gouvernement. Le pasteur Boissard, de Désandans, s'exprime en ces termes dans une lettre du 16 septembre 1801 :

Le désir de rétablir l'ordre dans l'Eglise est le plus louable de tous, mais jamais ce désir ne parviendra à son but sans l'autorisation du gouvernement, si l'on n'est pas secondé par le bras séculier, jamais on ne fera façon des paroissiens, ils en prendront plutôt occasion de tourner tous

(1) Ce mémoire, du 30 octobre 1802, est cité par le comte Boulay de la Meurthe, *Documents sur la négociation du Concordat*, tome IV, page 368, note 2.

les efforts des fidèles pasteurs en dérision, ce qui ne ferait que dilater les plaies.

Les pasteurs de Couthenans et de Beutal estiment qu'il faut avant d'agir attendre la conclusion du Concordat, ce n'est qu'après la signature officielle de ce traité que les protestants verront se réaliser leurs espérances, et le pasteur de Longevelle ajoute :

C'est en vain que nous ferons tous nos efforts pour remédier à tous ces maux, aussi longtemps que nos paroissiens nous salarieront, aussi longtemps que nous n'aurons pas été reconnus par le gouvernement et qu'il n'aura pas promulgué une loi en notre faveur.

Il résulte de cette correspondance, encore inédite, conservée dans les archives de l'Inspection de Montbéliard, que les protestants luthériens appelaient de tous leurs vœux l'union de l'Eglise et de l'Etat. Ce régime leur fut donné par la loi du 18 germinal an X. Pleins de reconnaissance, les pasteurs et les anciens de la ville de Montbéliard s'adressaient en ces termes à Napoléon :

Vous avez relevé nos autels que l'impiété avait abattus, vous avez tiré de l'oubli et proclamé en notre faveur du haut de votre trône les droits sacrés de l'égalité religieuse que l'intolérance d'une longue suite de siècles semblait avoir proscrits. Qui d'entre nous pourrait prononcer votre nom sans attendrissement et ne le bénirait pas ?

La loi de germinal n'était point parfaite, elle attribuait au pouvoir civil une influence trop grande dans l'administration temporelle des Eglises, mais elle assurait au protestantisme tout entier une protection dont il était depuis longtemps privé, elle le mettait au même rang que la religion catholique, lui conférant des droits et des privilèges analogues.

Pour qu'une Eglise remplisse son rôle, pour qu'elle vive et progresse, elle doit posséder trois choses : une foi, une organisation ecclésiastique et un budget.

Nous avons vu que les traités annexant l'Alsace à la France avaient garanti aux communautés de la Confession d'Augsbourg la libre jouissance de leurs biens ; plus tard, pendant la tourmente révolutionnaire, la confiscation épargna ces mêmes propriétés et le premier Consul mit à la charge de l'Etat le traitement des pasteurs. La vie matérielle était donc assurée, ce n'était point assez, il fallait avant tout conserver intactes les croyances.

L'Eglise luthérienne a résumé ses dogmes dans la Confession d'Augsbourg, elle a toujours cherché à rester fidèle aux grandes vérités proclamées dans cette charte.

Après les désastres de l'Année terrible, quand les délégués du pays de Montbéliard s'unissaient à ceux de Paris pour reconstituer les rouages brisés et détruits par l'annexion de l'Alsace, ils proclamaient ensemble l'autorité souveraine des saintes Ecritures en matière de foi et maintenaient à la base de leur constitution légale *la Confession d'Augsbourg.*

Mais ils comprenaient aussi qu'une bonne organisation ecclésiastique était plus que jamais indispensable. Ils se souvenaient des efforts tentés pendant un demi-siècle afin d'obtenir certaines modifications à la loi de l'an X, et abandonnant toute querelle dogmatique, ils votaient à l'unanimité un projet de réorganisation qui fut adopté par les deux Chambres. Grâce à leur patience, grâce aussi à leur respect pour les règlements édictés par le pouvoir civil, les représentants des Eglises luthériennes sont parvenus à corriger les lacunes et les défauts de la loi de l'an X et du décret de 1852.

Cruellement frappées par la perte de l'Alsace, les Eglises luthériennes ne se sont pas laissé abattre par ce coup terrible, elles ont cherché par une attitude à la fois sage et prudente à conserver la place qu'elles occupaient depuis plus de deux siècles dans la grande famille du protestantisme français.

DOLE. — TYPOGRAPHIE L. BERNIN.

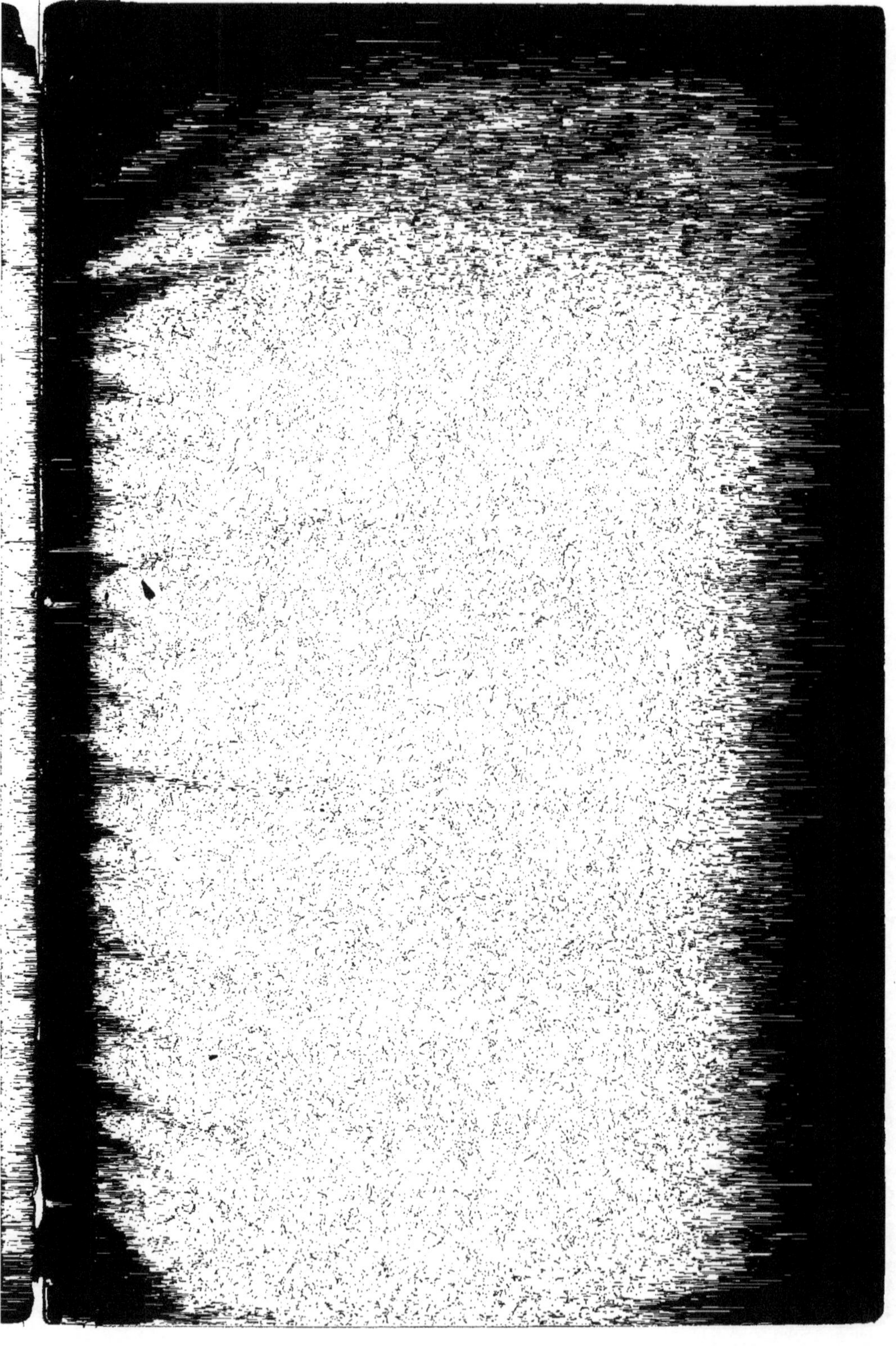